Viviane B. de Márquez

Dimensiones Sociopolíticas de la Cogestión Obrera

El caso de América Latina

Centro de Estudios Sociológicos
El Colegio de México

Primera edición (1 000 ejemplares) 1981

Camino al Ajusco 20, Pedregal de Sta. Teresa, 10740 México, D. F.

Impreso y hecho en México – ***Printed and Made in Mexico***

ISBN 968-12-0143-4 (versión original)

978-968-120-143-2 (versión facsimilar)

Prólogo

La democratización de las relaciones industriales, o cogestión en las empresas, es un tema de discusión establecido desde hace muchos años, principalmente en los países industrializados donde han surgido la mayoría de los experimentos en las nuevas formas de administración correspondientes. Sin embargo, el concepto no ha dejado de ser muy controvertido, por lo que su propia definición sigue siendo sujeta a múltiples controversias y polémicas. Existen, por un lado, definiciones que hacen cogestión sinónimo de incrementos en la responsabilidad de los obreros ante su trabajo, mientras que otras subrayan la importancia de una codeterminación en las decisiones de las empresas. Por otro lado, se han propuesto e implementado fórmulas de cogestión que van más allá de la organización de las fábricas individuales, involucrando las organizaciones sindicales en su conjunto en diálogos con las organizaciones patronales y/o el Estado.

Propondremos en este trabajo que la gran variedad en las definiciones y los tratamientos del fenómeno de cogestión en la organización industrial no refleja un simple pluralismo conceptual, sino una división fundamental entre diferentes paradigmas de esta organización, los cuales permiten entender concepciones divergentes de este fenómeno. Plantearemos, además, que esta división paradigmática permite explicar el papel clave de los experimentos llevados a cabo en los países de menor desarrollo (PMD) en explicar las condiciones favorables a ciertos tipos de cogestión, a pesar de que éstos se hayan considerado a menudo marginales y/o atípicos (Whyte y Alberti, 1977; Kannappan y Krishnan, 1977; Dore, 1974). Revisaremos, en particular, los casos de Perú, Chile y México para ilustrar este punto.

Una primera división fundamental que aparece en todas las discusiones es entre las que toman a la empresa industrial y las que toman a la sociedad entera como unidad de análisis. La diferencia no es simplemente metodológica: en un caso, el conflicto obrero-patronal se limita a un contexto particular, mientras que en el otro se inserta en el proceso político global de un país. Como veremos más adelante, la mayoría de los estudios provenientes de los países industrializados (PI) pertenecen a la primera categoría, mientras que los casos que ilustraremos de tres países de América Latina pertenecen a la segunda. Más adelante, argumentaremos que las evaluaciones de los proyectos de cogestión en los países en desarrollo han sido distorsionadas por enfoques microsociales aplicados a situaciones macrosociales.

Otra división analítica importante surge dentro de los estudios limitados al ámbito de la empresa. Existen entre ellos dos tendencias fundamentales: una que atribuye las tensiones obrero-patronales principalmente a la calidad del trabajo industrial (vgr: movimiento de humanización del trabajo, enriquecimiento de tareas, etc.) y otra que las identifica como un conflicto de poder basado en la distribución desigual de las decisiones. Esta última, sin llegar a salir del marco de referencia de la empresa, se acerca al segundo paradigma que define la cogestión en términos societales.

En este trabajo se hace hincapié en algunos factores fundamentales que dividen las tres grandes tendencias que acabamos de distinguir. Una primera es el elemento ideológico: existe un gran número de estudiosos formados en la tradición de la administración de empresas y de teoría de las organizaciones que no cuestionan el principio de acumulación capitalista en el ámbito industrial, sino que buscan reformar algunos de sus vicios aparentes, particularmente las bajas de productividad debidas a la falta de interés de los obreros en su trabajo. Otros, en cambio, cuestionan los principios jerárquicos característicos de las empresas industriales y encapsulados en la teoría clásica de las organizaciones, proponiendo formas alternativas de producción que beneficien a los obreros. Finalmente, un tercer grupo considera a la cogestión como un instrumento fundamental de lucha política que involucra tanto a los obreros y patrones como a los sindicatos y los partidos políticos. Entre este grupo, los aspectos productivos cobran relativamente poca importancia.

A la dimensión ideológica se añade la estructural: cuando se comparan experimentos de cogestión en los PMD y los PI, se trata en realidad de situaciones cualitativamente diferentes en cuanto a los procesos de producción y de vinculación de ésta con la organización política y social.

Esquemáticamente, se ha distinguido entre el modo de producción capitalista temprano y dominante, y el tardío y dependiente.[1] En el primero, el capitalismo representa el modo de producción característico de una sociedad, en el sentido de absorber la gran mayoría de la mano de obra (ya sea industrial o agrícola) y desplazar paulatinamente otros modos tradicionales de producción y los grupos asociados con ellos. Tales condiciones son a su vez, favorables al surgimiento de grupos de intereses relativamente autónomos, tales como partidos políticos y sindicatos (Mouzelis, 1978), organizados horizontalmente y con una representación política que se aproxima a un modelo de *clase*.

Por el contrario, donde el modo de producción capitalista penetra tarde y en forma dependiente en una sociedad, generalmente no logra desplazar totalmente a otros modos de producción. Por lo tanto, esta sociedad se divide entre sectores caracterizados por diferentes modos de producción y niveles desiguales de remuneración, ligados entre sí por relaciones internas de dependencia (González Casanova, 1970; Stavenhagen, 1970).

Tales condiciones son, a su vez, menos favorables al surgimiento de formas horizontales de articulación de organización política porque estos países se encuentran generalmente "dispersos en un sinnúmero de divisiones y conflictos potenciales con características regionales, raciales, culturales de casta y clase" (Malloy, 1977). Históricamente, estas condiciones han llevado a la creación de diversas formas populistas y corporatistas de articulación de intereses cuyas tendencias centrífugas conducen al nacimiento de regímenes políticos autoritarios (Collier, 1979; Malloy, 1977).

Si agregamos a esto el hecho de que la inserción de los PMD en la economía internacional concede una posición especialmente fuerte a sus aparatos estatales, resulta mucho más estrecha la relación entre el proceso productivo industrial y el Estado en estos países que

[1] Queremos subrayar que no nos estamos refiriendo a diferentes "tipos" de capitalismo sino a diferentes "maneras" en los cuales este fenómeno mundial se inserta en una sociedad dada. Como es bien conocido, las formas tempranas de capitalismo mercantilista y el surgimiento de la manufactura en Europa *afectaron* al *Tercer Mundo*, pero no correspondieron a un desarrollo contemporáneo similar en esa región. El proceso manufacturero y la formación de un proletariado industrial local en América Latina no surgen en realidad hasta alrededor de 1930.

en los industrializados, donde el sector productivo juega un papel más autónomo con respecto al Estado (Godau y Márquez, 1981).

Por estas circunstancias, la distinción que hemos hecho entre dos unidades de análisis en el estudio de la democracia industrial cubre especial importancia: los estudios que limitan su análisis al ámbito empresarial tienden a concentrarse en los PI donde la actividad industrial no está directamente ligada al proceso político. En cambio, los estudios que adoptan un enfoque global casi forzosamente provienen de países en desarrollo donde la burguesía industrial tanto como los sindicatos están directamente ligados a la gestión del proceso político, y en forma que difiere radicalmente del modelo llamado de "clase". Ahora bien, como sostendremos más adelante, un error común consiste en evaluar experimentos de cogestión de los PMD entendibles dentro de un contexto socio-político global con una óptica microanalítica, lo cual los hace aparecer como malas copias de sus equivalentes en los PI. El análisis detallado de Perú, Chile y México que presentaremos, servirán de ejemplos para fundamentar este argumento.

I. La democracia industrial en el contexto de la empresa

La variedad en las definiciones y exposiciones del tema de la cogestión deja de sorprender si se relaciona con las diferentes corrientes de ideas que se han destacado en el análisis del funcionamiento interno de la empresa industrial. A continuación se exponen a grandes rasgos estas corrientes, lo cual permite en un segundo punto oponer las proposiciones de cambio en la estructura del trabajo a las de cambio en la estructura de poder de las empresas.

1. Modelos de organización del trabajo en las empresas

La organización del trabajo y las características y necesidades de los trabajadores se han considerado en el pasado, y siguen siendo considerados en la mayoría de las empresas como dos realidades distintas. Se ha pretendido además que tales necesidades humanas debían adaptarse a los imperativos de la producción, de manera de interferir lo menos posible en su realización. Esta filosofía se basa en la premisa de que existe un arreglo óptimo para la organización del trabajo, el cual no puede ser alterado sin perder eficiencia.

Se necesitaron dos tipos de cambios para que esta tradición de determinismo tecnológico se debilitara y se le sustituyera por una concepción más flexible de la organización del trabajo, en la cual tanto los elementos políticos como los sociales y los técnicos influyeran en la producción. En primer lugar, intervino un cambio conceptual que intentó integrar el comportamiento humano y la técnica en las organizaciones, para llegar a considerar a éstas como sistemas sociotécnicos; en segundo lugar, la movilización y la militancia creciente de los sindicatos obreros en los países occidentales, así como el deterioro progresivo de la cooperación entre obreros y gerentes de empresa (ausentismo, rotación, baja productividad y sabotaje industrial) contribuyeron al cambio. Tales fenómenos fueron lo suficientemente intensos y generalizados para convencer a los más conservadores de que no era perfecto el paraíso del taylorismo, y para provocar la búsqueda de modelos organizativos más flexibles.

1,1 El determinismo tecnológico y la búsqueda de principios universales

La historia de los modelos universales de diseño organizacional empieza con el taylorismo, o Escuela de Administración Científica.[2] Los principios de esta escuela podrían parecer hoy en día más de sentido común que científicos (por ejemplo, la idea de planear, o de delegar las decisiones rutinarias). Sin embargo, los principios de Taylor y sus colegas permitieron importantes avances en la productividad, y siguen formando la base de la filosofía empresarial, especialmente en los países en desarrollo. Hasta la concepción fisiológica del obrero tan criticada en la foma que se presenta en los estudios de tiempos y movimientos, representaba un paso adelante con respecto a ideologías empresariales anteriores, por basarse en el principio de la cooperación entre empresarios y obreros como condición indispensable para el éxito industrial, en vez del darwinismo social del siglo XIX.

En este contexto histórico, el movimiento de Relaciones Humanas que aparentemente se opuso al taylorismo representó menos un cambio radical que una mayor sofisticación del mismo. No sólo hacía falta programar las actividades productivas del obrero, sino que también había que darle un liderazgo. Ahora, los empresarios "ya no estaban satisfechos con considerar el fracaso como el resultado inevitable de la lucha por la supervivencia, sino que querían investigar las causas del fracaso y prevenirle con técnicas de administración apropiadas". (Bendix, 1956: 298). El "liderazgo", descubrimiento principal de la Escuela de Relaciones Humanas, era lo que necesitaban los gerentes de empresas para trasmitir a los trabajadores el entusiasmo necesario.[3]

Tanto la Escuela Clásica como la Escuela de Relaciones Humanas buscaban principios universales de organización del trabajo, la primera a fin de optimizar las utilidades, y la segunda para encontrar la fórmula que permitiera adaptar las necesidades socioemocionales de los trabajadores a los requerimientos imperantes de la producción. Este planteamiento iba, años más tarde, a resultar en las conocidas técnicas de estimulación de las motivaciones de los empleados, tales como el "desarrollo organizacional", los "grupos T" y varias otras fórmulas de participación en la dirección de las empresas o de dinámica de grupos. Todas aquellas técnicas comparten el supuesto de que los papeles laborales, tales como se han definido en las empresas, son elementos intangibles; se proponen legitimar los mismos, a fin de crear un ambiente de cooperación e identificación con la empresa entre los obreros y los ejecutivos de bajos y medianos rangos. En resumen, la realidad tecnológica de la empresa industrial y su organización social se consideran en tales perspectivas, como dos entidades separadas, las cuales necesitan de la atención simultánea de los gerentes.

Un tercer grupo de estudios puede considerarse como parte de un planteamiento determinista, debido a su orientación hacia principios universales; se trata del modelo llamado "contingente" de las organizaciones, que de hecho agrupa estudios muy heterogéneos. Se originó gracias al esfuerzo común de sociólogos y estudiosos de la ciencia administrativa.

[2] Para mayor información sobre las características de esta tendencia y sus integrantes, véase Massie, 1965. Para más detalles sobre la relación entre ideología empresarial y movimiento obrero en Estados Unidos, véase Perrow, 1979.

[3] Esta creencia ha sobrevivido hasta nuestros días, a pesar de las pruebas acumuladas de que el liderazgo es un fenómeno estrictamente ligado a circunstancias específicas, que se desarrolla en el transcurso de la interacción de un mismo grupo, y que varía considerablemente según el caso, lo cual lo hace intransferible de un contexto a otro.

Este enfoque intenta superar las limitaciones de la Escuela Clásica tomando en cuenta características contextuales distintas en las organizaciones, tales como su tamaño, su tecnología, su ambiente, etcétera.[4] A pesar de que los resultados obtenidos indican que no existe un solo modelo de organización que sea válido para todas las organizaciones, dada la gran variedad de condiciones contextuales y ambientales, este enfoque sigue fuertemente arraigado a la tradición de determinismo tecnológico: por ejemplo, se argumentará que las grandes burocracias (o empresas) son altamente diferenciadas (en términos de funciones, especialidades o ubicación) en respuesta a las "tensiones estructurales" generadas (Márquez, 1975), o que el ámbito de control ejecutivo varía en función de la tecnología (Woodward, 1965). Según esta escuela, el diseño de las organizaciones debe representar un ajuste óptimo a todas aquellas fuerzas. Por el contrario, se volverían ineficientes. La misión de los científicos sociales consistiría, por consiguiente, en desarrollar modelos de organización cada vez más sofisticados capaces de adaptarse a todas las contingencias que se han identificado.[5]

Si bien el modelo contingente de las organizaciones representa un paso adelante con respecto a la teoría clásica, implica una visión de las organizaciones que prácticamente ignora la intervención del hombre, como por ejemplo, la importancia de los procesos políticos en las organizaciones, o la intervención de los valores de los directivos en la interpretación del ambiente (Child, 1973). Esta visión también pasa por alto los intereses y la fuerza de regateo de los trabajadores tales como evolucionaron a través del movimiento obrero de los diferentes países, cuando son precisamente los que amenazan con derrumbar todo aquel edificio de imperativos funcionales cuidadosamente identificados.

1.2 El modelo abierto

Las reacciones en contra del determinismo tecnológico tuvieron varios orígenes: por un lado, los psicólogos sociales seguidores de la teoría del desarrollo de la personalidad de Maslow y por otro, los sociólogos admiradores de las obras de juventud de Marx. Ellos denunciaron la naturaleza enajenante del trabajo industrial, e interpretaron el comportamiento poco cooperativo por parte de los obreros como una reacción natural a esta situación (y no como la falta de identificación con la empresa).

Generalmente, la ideología subyacente en tales obras sigue siendo productivista, al igual que en la Escuela de Relaciones Humanas que las precedió, en el sentido de que el comportamiento obrero se considera como potencialmente perjudicial a la eficiencia. Uno de los autores más representativos de esta tendencia llega hasta afirmar que los diseños organizacionales deben "movilizar la energía humana para el esfuerzo productivo y en contra de comportamientos no productivos" (Argyris, 1954). El hecho de que los mismos comportamientos que perjudican a la empresa puedan ser favorables a los intereses de los trabajadores ni siquiera se menciona.

Sin embargo, contrariamente a la Escuela de Relaciones Humanas, la felicidad o la

[4] Representantes típicos de esta tendencia son Dill, 1962; Lawrence y Lorsch, 1967; Burns y Stalker, 1961; Evan, 1966.

[5] A pesar de haber incluido una gran cantidad de factores contingentes, las ecuaciones resultantes generalmente no explican más que el 20 ó 30 por ciento de la varianza total. Sin embargo, esto no parece haber desanimado a los estudiosos de esta línea. Todos esperan que algún día, con mejoras en las técnicas de medición, se podrá llegar a resultados más sustantivos.

"adaptación" del trabajador ya no son el objetivo, sino su "autorrealización". La importancia de este cambio no se basa solamente en la aparición de un nuevo slogan, sino en la idea de que algunos diseños organizacionales aceptados hasta entonces pueden no ser aptos para maximizar la motivación a producir. Por ejemplo, Argyris opina que el diseño piramidal con especialización estricta y control directivo estrecho no es compatible con las necesidades humanas de autorrealización. Las jerarquías piramidales crean apatía y sumisión, y por consiguiente, ineficacia.

Cuando se trata de indicar remedios a tales males, las recomendaciones no dejan de ser un tanto tímidas. El famoso "modelo mixto" de Argyris tiene conceptos claves poco explícitos (por ejemplo, las "partes" con respecto al "todo", la "pluralidad de las "partes" con respecto a la "interacción entre las partes", etcétera) y se limita a aconsejar a los empresarios que deleguen su poder, informen mejor a sus empleados de sus decisiones, y definan sus metas de manera que no beneficien a un solo grupo. Esto suena muy parecido al diseño organizacional autoritario comparado con el participativo de Likert, o a las teorías X y Y de McGregor (Likert, 1961; McGregor, 1960) estando estos dos autores ubicados más francamente en la línea de las Relaciones Humanas. Argyris aconseja además, la democracia interna plena cuando se trata de decisiones que no ponen en juego la estructura establecida de la organización; el control piramidal estricto se aplicará para las decisiones que cuestionan tal estructura.

Fue el Instituto Tavistock de Gran Bretaña el primer organismo que tomó la iniciativa de experimentar con diseños organizacionales alternativos, cambiando la estructura de las tareas a fin de incrementar la satisfacción de los trabajadores. El primer intento concreto (Rice, 1953) se realizó en una fábrica de percal de Ahmedabad en India. En lugar de la especialización por puestos, se crearon equipos de trabajo integrados con sus propios liderazgo y control. Según el estudio de Rice, este nuevo sistema incrementó la eficiencia, propició relaciones más amistosas y colaborativas entre los directivos y los obreros y mejoró la circulación de información (Klein, 1976).

Otros proyectos siguieron: los más famosos entre ellos fueron uno noruego iniciado en 1962 bajo el patrocinio de un sindicato obrero y de un gremio patronal (Emery y Thorsrud, 1969), y uno en Suecia en 1971 patrocinado por el Congreso Sueco de Sindicatos Obreros. Este último sigue desarrollándose.[6]

2. Estructura de trabajo y estructura de poder: dos alternativas de reformas en la empresa

Los diseños organizativos innovadores que tienden a integrar y ampliar los papeles obreros, se proponen cambiar tres principios básicos de la escuela clásica: primero, el de especialización estrecha en tareas segmentadas; segundo, el de estricto control jerárquico de las actividades de los obreros; y tercero, el de separación entre decisión y ejecución. Las técni-

[6] Existen principalmente otros tres documentos que indican la importancia de estos experimentos en los países occidentales: *Work in America*, (1972), documento presentado a la Secretaría de Viviendas, Educación y Bienestar de Estados Unidos (Housing, Education and Welfare); un estudio de evaluación escrito por Wilkinson (1970), y una serie de trabajos publicados por la Revista francesa Sociologie du Travail en dos ediciones especiales, 1974 y 1976 (cuyos resultados reportamos aquí).

cas que se desarrollaron pueden resumirse en cuatro fórmulas: rotación de puestos, ampliación de tareas, enriquecimiento del trabajo y equipos de trabajo autónomos.

A pesar de las claras diferencias que existen entre estas fórmulas y el impacto que su implementación pueda tener sobre estructuras establecidas, estos términos se han confundido a menudo. A continuación se definen brevemente:

a) Rotación de puestos: es el cambio más sencillo con respecto a lo acostumbrado y consiste en intercambiar tareas segmentadas sin alterar su estructura, a fin de evitar el aburrimiento que causa la repetición de una misma labor. Este procedimiento ha sido poco utilizado sobre todo porque los obreros se han opuesto a ello, por considerarlo equivalente a más trabajo, igualmente aburrido y sin compensación adicional.

b) Ampliación de tareas: este sistema se enfrentó con la misma resistencia entre los obreros, debido a la forma mecánica en que se implementó en un principio; consiste en reunir varias tareas en una sola, a fin de crear ciclos más largos. La segmentación de las tareas en los diseños organizativos clásicos había llegado a tales extremos que éstas últimas podían cumplirse en sólo unos cuantos minutos. La ampliación de las tareas ha logrado alargar estos ciclos hasta 30 minutos. Inicialmente, no se supo reconocer la unidad cognoscitiva intrínseca de las tareas industriales, y se tendió a agregar arbitrariamente segmentos de tareas sin ninguna unidad interna. Tales intentos fueron rechazados por los obreros, que no adquirían mayor interés en su trabajo y se quejaban de su mayor dificultad. Posteriormente, se han integrado en forma más apropiada (como por ejemplo el ensamble de un componente entero), lo cual ha obtenido una mayor aceptación por parte de los obreros.

c) Enriquecimiento de tareas: esta expresión se refiere a la integración en tareas segmentadas o ampliadas de funciones auxiliares, como por ejemplo, la instalación y el mantenimiento de la maquinaria, o el control de calidad. Hall y otros (1975) incluyen los factores siguientes en esta categoría: la libertad de elegir métodos de trabajo, el ritmo de trabajo y control de calidad. El enriquecimiento de tareas tiende a disminuir la dependencia de los operarios con respecto a diferentes departamentos, administrativamente separados, que ejercen control sobre ellos, además de sus supervisores inmediatos.

d) Equipos de trabajo autónomos: esta fórmula fue originalmente diseñada por el Instituto Tavistock (Trist y Higgin, 1963) y corresponde a una variedad de situaciones que dificultan una definición única. Los grupos de trabajo llamados autónomos, se hacen responsables de todas las estapas de la elaboración de una línea de productos intermedios o finales, desde el transporte y la alimentación de la materia prima, hasta el acabado y almacenamiento. Existen diferencias importantes en el grado de participación en las decisiones que se otorga a tales grupos, y en las transformaciones concomitantes que se implementan en los niveles jerárquicos superiores. Hay una gama completa de diseños alternativos que van de la ausencia quasi total de cambio a transformaciones radicales en las relaciones jerárquicas, inclusive suprimiendo niveles intermedios de supervisión. La organización interna de los grupos de trabajo también varía según la libertad que se les otorga en repartir el trabajo entre sus miembros y en decidir sobre niveles de producción.

Otros cambios menores que se han implementado en la práctica industrial son, por ejemplo, la supresión de las tarjetas registradoras de las horas de entrada y salida, o la producción de inventarios intermedios en caso de fallas mecánicas parciales en las líneas de producción; tales medidas han permitido más libertad a los obreros en la organización del ritmo de trabajo. Sin embargo, como estos cambios no afectan la estructura de las tareas, no se analizarán aquí.

El éxito en la implementación de cualquier cambio organizativo depende, ante todo, de que exista un clima de confianza mutua entre los obreros y los directivos, de manera que los primeros estén convencidos de que la dirección hace un intento genuino de cambiar el balance del poder a favor de los obreros en vez de simplemente buscar nuevas técnicas para incrementar las utilidades. Con el concepto de poder, se entiende no sólo la autoridad para tomar ciertas decisiones, sino también un poder de regateo más amplio. Este problema no se trató con claridad en un principio, pero ha cobrado una importancia creciente en proyectos recientes.

Inicialmente, el esfuerzo mayor del Instituto Tavistock consistió en incrementar la satisfacción de los obreros en su trabajo, pero no en darles más participación en las decisiones; se pensaba que tan sólo acrecentar la responsabilidad obrera en la elaboración del producto sería suficiente para eliminar la apatía y el desinterés frente al trabajo. La ideología seguía siendo productivista.

Estas prácticas subrayan la ambigüedad de la noción de responsabilidad ante el trabajo. En efecto, algunos autores (Wisner, 1974) afirman que existe una relación a la vez cognoscitiva y moral entre la noción de *responsabilidad* y la de *decisión,* de tal modo que separarlas en la organización del trabajo industrial es correr el riesgo de crear conflicto. Sin embargo, en la práctica, la mayoría de los empresarios esperan cosechar los beneficios productivos del cambio en la estructura de las tareas, sin tener que cambiar la de las decisiones, lo cual justifica las acusaciones del neo-taylorismo y reformismo (Chave, 1976; Child, 1973). En general, esta clase de experimentos manipulativos tiene poco éxito con los obreros: por lo tanto, se ha tratado de racionalizar su fracaso al acusar a estos últimos de tradicionalismo, o de interesarse solamente en aumentos de sueldos (Weil, 1976).

La gran diferencia que existe entre los proyectos Tavistock de Suecia y Noruega ilustra claramente la oposición que existe entre el gradualismo y reformismo por una parte, y por la otra, los intentos reales de delegar algunas decisiones a los obreros (Klein, 1976). Los objetivos del proyecto noruego eran investigar "en qué condiciones se podrían otorgar más derechos y responsabilidades a los individuos en su trabajo" (Klein, 1976). Sin embargo, la única medida que se tomó fue el enriquecimiento de tareas. Por el contrario, en Suecia, el sindicato obrero que inició el proyecto planteó el problema de la repartición del poder como fundamental (Wisner, 1974) desde un principio.

Existe un contraste todavía más profundo entre los diseños industriales implementados en países capitalistas y los introducidos en países socialistas. Dos estudios publicados de proyectos yugoslavos (Adizes, 1971; Kavcic y otros, 1971) subrayan la importancia de la participación obrera en la toma de decisiones, aun cuando esto signifique más lentitud en el proceso (Adizes, 1971), debido al gran número de participantes.

Otro ejemplo que se coloca en un contexto socialista, a pesar de ser en un país no-socialista, es el estudio de diez fábricas de Kibbutzim en Israel (Rosner, 1974). Este estudio reveló que a pesar de una estructura aparentemente piramidal, no funcionaba como tal, porque: *a)* todos los directivos eran elegidos y periódicamente rotados; y *b)* los mismos participaban en tareas manuales para propósitos de demostración, actuando más como porristas que como agentes de control. Esto era posible debido al tamaño relativamente reducido de las empresas (entre 50 y 80 obreros).[7] Pero más que el tamaño, era el contexto ideológico igualitario y colectivista (los miembros de los Kibbutzim no son pagados) que permitió una estructura extremadamente igualitaria sin ninguno de los conflictos que a menudo surge en los medios que pasan de una estructura autoritaria a una igualitaria (Chave, 1976).

Un tercer ejemplo tomado en un contexto socialista no es estrictamente comparable, pero por lo menos indicativo de una similitud con los casos israelí y yugoslavo Se trata de un estudio de la burocracia china (Whyte, 1973) que demuestra que, superficialmente,[8] se han hecho intentos en aquel país para eliminar el modelo clásico de burocracia, de estricto control jerárquico, impersonalidad y formalización.

La diferencia fundamental entre los experimentos neotayloristas de enriquecimiento de las tareas y los yugoslavos, suecos e israelíes que reportamos aquí es en el tratamiento del poder como parte íntegra de una transformación en las relaciones industriales que caracterizan a las empresas capitalistas (y algunas socialistas). Esta diferencia subraya la dualidad inherente a cualquier división del trabajo que es a la vez diferenciación de tareas y diferenciación de poder.

Uno de los pocos autores que otorga un lugar central a la discusión teórica del poder en el contexto industrial a nivel de fábrica es Carraud (1976); siguiendo la línea del sociólogo francés Crozier (1972), este autor define el poder en función de la incertidumbre que una persona, o un grupo, controla con respecto a otro. La especialización por tareas estrechamente definidas crea un sistema de relaciones segmentadas, en las cuales cada actividad tiene un *status* distinto y cada individuo tiene interés en culpar de los errores cometidos al que lo sigue en la escala jerárquica. En cambio, con la fórmula de grupos de trabajo integrados, esta fuente de incertidumbre desaparece, mientras que otras se crean. La dificultad del cambio de un tipo de diseño organizacional a otro consiste precisamente en

[7] En América Latina, sin embargo, estos tamaños ya se considerarían como medianos y probablemente estarían organizados en base a una estructura piramidal estricta.

[8] Esta restricción no es meramente retórica, a juzgar por la violenta campaña de desmaoización en China. Entre otras cosas, se concretó en una solicitud de ayuda de parte de Yugoslavia para rediseñar su organización industrial (New York Times, agosto de 1977).

estos cambios en las fuentes de incertidumbre que enfrentan los actores participantes, y en la formación de nuevas agrupaciones y coaliciones. El autor revela, además, que los individuos que más dificultades tienen en adaptarse a tales cambios no son los obreros, como suele suponerse, sino los supervisores de primer nivel (capataces) y directivos de medio rango cuyo papel deja de ser de control y de supervisión para transformarse en el de ayuda técnica y respaldo en momentos críticos (fallas mecánicas, roturas, etcétera). Los individuos en estos niveles temen a menudo saber menos que sus subordinados, y por consiguiente no poder controlarlos (es.decir, controlar la incertidumbre técnica que les daría poder).

Entre los estudios que han afirmado que el enriquecimiento de tareas no tiene atractivo para los obreros (Weil, 1976; Simmonds, 1975), ninguno ha incluido el poder en su marco analítico. En cambio, todos los estudios que incluyeron esta dimensión (Chave, 1976; Binois y otros, 1976; Wisner, 1974; Thorsrud, 1975) hallaron que la autenticidad de las intenciones de la gerencia se evaluaba en función de su disposición: *1)* a delegar algunas decisiones a los obreros; y *2)* a compartir con ellos el fruto del incremento en la productividad. Por consiguiente, la hipótesis tradicionalista según la cual son los obreros los que más resisten a este tipo decambio, no se comprueba con los hechos. Los obreros no se oponen al cambio, sino al hecho de que la dirección de la empresa sea la única en beneficiarse de ellos.[9] Es muy significativo que en países donde no existe una oposición fuerte entre capital y trabajo (sea porque se trata de un contexto socialista, o porque los obreros son accionistas de la empresa, como en el caso de Suecia), estos últimos no oponen resistencia al cambio, sino que al contrario, insisten para recibir una mayor participación en las decisiones.

La resistencia proviene de los individuos cuyos papeles laborales cambian radicalmente o se vuelven obsoletos. Por ejemplo, la primera decisión que tomó un grupo de trabajo autónomo en una fábrica francesa fue despedir a su capataz (Bernoux y Ruffier, 1974). En otro experimento, la dirección decidió suprimir un nivel de supervisión (Binois y otros, 1976). Este tipo de ajuste estructural es precisamente el que ofrece mayores oportunidades de aprovechamiento en los países en desarrollo donde hay escasez de directivos, y donde los mismos cobran sueldos relativamente altos. Por consiguiente, en estos países la descentralización de la estructura de las tareas aparece como mejor adaptada a la dotación de recursos humanos. Sin embargo, la capacitación técnica y remuneración de los obreros que implica una redistribución de las tareas plantea otros problemas que son particularmente difíciles de resolver en los países en vías de desarrollo.

[9] El hecho de que los obreros aceptaran cambios en el diseño de las tareas sólo cuando éstas se veían acompañadas de aumentos de sueldo ha llevado a algunos autores a concluir que los primeros tenían poco atractivo por sí mismos. Un análisis lineal simple apuntaría a tales conclusiones, dado que el control estadístico de la variable alza de sueldos haría automáticamente desaparecer la correlación entre enriquecimiento de tareas y satisfacción. Sin embargo, este tipo de análisis no es apropiado, dado que debemos comprobar la hipótesis de interrelación entre enriquecimiento de tareas y alzas de sueldos, y no los efectos lineales separados de estas dos variables. La prueba sería más justa si los obreros pudieran escoger entre tareas enriquecidas mejor pagadas y tareas segmentadas igualmente bien pagadas.

II. Democracia industrial en el contexto industrial: el caso de América Latina

Los diseños industriales que acabamos de analizar aparecen muy diferentes de los comúnmente encontrados en los países en desarrollo, aun entre los más avanzados de América Latina (Argentina, Brasil, México). En esta región, los principios de "Administración Científica", con su estricta división del trabajo y jerarquización, se han seguido aplicando, pese a su obsolecencia en otros contextos nacionales. Este fenómeno tiene varias explicaciones. La más aparente (sin por eso ser la más importante) es el problema del "rezago cultural". La ausencia de actividad de investigación en la mayoría de las instituciones académicas latinoamericanas que imparten carreras de ingeniería o de administración provoca un aislamiento de estas instituciones con respecto a los progresos y resultados obtenidos en la investigación de las relaciones industriales. Como consecuencia, la mayoría de los alumnos de estas instituciones están educados en la tradición del taylorismo y de la Escuela de Relaciones Humanas.

Un segundo factor que refuerza la tendencia a las relaciones autoritarias en las industrias latinoamericanas se refiere al contexto institucional en el cual se desarrollan. En efecto, el autoritarismo de los sistemas políticos en esta región es un fenómeno ya ampliamente comentado (Malloy, 1977; Collier, 1980; O' Donnel, 1971; Reyna, 1977).

Finalmente, a nivel de las empresas, las presiones que existen para mantener sistemas de organización estrictamente jerarquizados son igualmente fuertes. La segmentación extrema de las tareas y la programación minuciosa de los movimientos de los trabajadores se consideran generalmente buenas fórmulas para manejar un proletariado industrial poco adiestrado y, con bajos niveles de escolaridad. Además, siendo la situación económica y tecnológica de las empresas latinoamericanas fundamentalmente diferente de la de países plenamente industrializados (mercados cautivos, subsidios oficiales, etc.), su orientación tiende a ser hacia formas muy rutinarias de producción. Como es conocido, tales orientaciones tienden a imponer estructuras organizativas muy rígidas, compartimentadas y centralizadas, elementos que aseguran la continuidad y el funcionamiento uniforme de procesos de producción tecnológicamente rutinizados, pero al mismo tiempo fomentan formas poco participativas de toma de decisiones. [10]

En resumen, si limitamos nuestro análisis de las relaciones industriales a nivel de las empresas, podríamos afirmar que los obreros en América Latina siguen siendo considerados por los directivos de empresas en términos similares a los que se aplicaron al proleta-

[10] Para más detalles sobre el efecto de variables tecnológicas sobre la estructura de las organizaciones, véase Hall, 1972.

riado norteamericano de principios de siglo: carecen de educación, de capacitación, de disciplina y de motivación al trabajo, y por lo tanto necesitan una supervisión constante y estrecha. Pareciera que vuelve la historia pasada, si no fuera por el hecho de que el movimiento obrero latinoamericano está mucho más avanzado de lo que era su contrapartida norteamericana en 1910: está muy organizado, aunque generalmente no en forma autónoma con respecto al Estado. Como tal, constituye un adversario muy considerable frente a la dirección de las empresas y un instrumento muy poderoso en manos de los gobiernos para contrarrestar las demandas de las burguesías industriales nacientes.

Por consiguiente, analizar la participación de los obreros en las decisiones de producción y administración en las empresas en los mismos términos para América Latina que para países de capitalismo temprano es hacer una comparación ilegítima. Para entender los problemas y las posibilidades de cogestión en América Latina, la posición obrera debe entenderse en términos sociales y políticos globales más que a nivel de las empresas. En efecto, los sindicatos obreros de esta región han obtenido un *status* especial no como resultado de presiones democráticas o de lucha de clases, sino a razón de la necesidad de asegurar un fuerte apoyo a sus respectivos regímenes políticos (Cardoso y Falleto, 1968; Stavenhagen y Zapata, 1974; Purcell y Purcell, 1980). Nos enfrentamos, por consiguiente a una situación radicalmente diferente de las analizadas en el contexto de los países industrializados, particularmente con respecto a la naturaleza de los grupos de intereses y de su articulación con el Estado.

1. Organización industrial y organización política

Son generalmente reconocidas las tendencias oligárquicas de las instituciones representativas en general y de los sindicatos en particular (Michels, 1964). Sin embargo, es en los contextos autoritarios que estos últimos han demostrado ser más centralizadores, otorgando un control mínimo a las bases populares a quienes "oficialmente" representan, y a nombre de las cuales hacen demandas ante las autoridades gubernamentales. En tales contextos, los sindicatos tienden a ser considerados por las masas trabajadoras como agencias de servicios más que como cuerpos representativos (Jelin, 1976), por lo que la participación "democrática" esporádica directa por parte de sus miembros es más una forma de oposición a los líderes sindicales que un procedimiento institucional. En tales condiciones, cualquier forma de control obrero directo en las empresas industriales puede dar lugar a fuertes reacciones no sólo por parte de los directivos de estas empresas, sino también de los sindicatos corporativamente institucionalizados y de los gobiernos que ayudan a sostenerlos. Desde esta perspectiva, permitir la participación obrera directa significa amenazar tanto al *status* "oficial" de los líderes sindicales como los fundamentos del Estado. Alternativamente, cualquier iniciativa por parte de la burguesía empresarial o del Estado, en el sentido de fomentar una participación directa de los obreros en la marcha de las empresas puede interpretarse como una maniobra para atomizar (empresa por empresa) y debilitar la posición política del movimiento obrero, al desvincular las decisiones locales de cogestión obrera de una estrategia sindical global. En resumen, en tales contextos, no puede haber iniciativa de cogestión que sea políticamente inocente. Cualquier fórmula que se presentará se interpretará en términos de una lucha de poder.

Por ejemplo, las fórmulas de "democracia industrial" que se basan en una representación obrera relativamente centralizado, y en formas de codecisión que se ajustan fácilmente a las estructuras organizacionales ya establecidas en las empresas pueden dar la apariencia del éxito, pero a costa de dejar intacta la estructura de poder existente. Por lo tanto, debemos esperar que en los países capitalistas dependientes, caracterizados por un proceso político autoritario y centralizado, dentro del cual la fuerza de trabajo ha sido cooptada con la finalidad de contener las demandas de la clase obrera (Reyna, *et.al.*, 1976; Skidmore, 1977), se tenderá también a adoptar fórmulas de "democracia industrial" congruentes con su organización política, y a rechazar aquellos que no los son. Por lo tanto, la cuestión de si un plan particular de participación obrera aumenta, o no, el control obrero sobre el proceso de producción está inevitablemente vinculado al proceso político.

Por el contrario, en sociedades de capitalismo temprano, encontramos una amplia variedad de arreglos institucionales que unen las organizaciones laborales con sus bases, con el Estado y con las empresas industriales. No obstante, detrás de tales "casos" desarrollados históricamente y extremadamente variables, el rasgo peculiar que es relevante para esta discusión es la autonomía relativa de grupos de intereses organizados con respecto del Estado, incluso en contextos tales como el de Alemania, en donde los sindicatos han logrado un alto nivel de "codecisión" con respecto al gobierno.

Como resultado, las formas participativas directas en el trabajo industrial no han sido sistemáticamente cuestionadas en estos países ni por los sindicatos establecidos, ni por los gobiernos, con excepción de los países anglosajones (principalmente el Reino Unido y los Estados Unidos), donde estas formas se oponen a los sistemas de negociación laboral tradicionalmente establecidos (Derber, 1977; Thomson, 1977). Donde no existen tales tradiciones, por ejemplo, en los países escandinavos, la negociación y la codecisión han sido libremente combinadas sin enfrentarse, aparentemente, con ninguna oposición por parte de los sindicatos (Shiller, 1977).

Por último, las condiciones económicas generales que caracterizan América Latina han conllevado a un fuerte involucramiento del Estado en la economía, convirtiéndolo en el principal responsable para la promoción del desarrollo, la obtención del capital extranjero, la creación de empleos, la construcción de infraestructura, etc. (Purcell y Purcell, 1980; Godau y Márquez, 1981). Al mismo tiempo que este proceso ha creado una incipiente burguesía industrial que sería incorporada a la coalición dominante, ha limitado seriamente las posibilidades de un manejo independiente de las decisiones de los sindicatos en los asuntos internos de las empresas privadas.

La protección sistemática de la naciente industria, por ejemplo, hizo que el trabajo orientado a experimentos para incrementar la productividad fuera innecesario, ya que la baja productividad y los altos costos de producción podían ser transferidos a los mercados virtualmente cautivos. Por otro lado, la distinción entre trabajadores regulares y "eventuales", ha asegurado para los directivos de las empresas manufactureras la flexibilidad necesaria para ajustarse al ausentismo y a los cambios en la demanda, sin tener que negociar con los sindicatos u otorgar más autonomía a los trabajadores de las fábricas, como había sucedido en Europa.

En resumen, en los países de América Latina, donde el trabajo organizado ocupa una posición social y políticamente privilegiada, donde las empresas industriales necesitan protección e incentivos, y donde los procesos de toma de decisión autoritarias centralizados se extienden por todo el sistema político y burocrático, cualquier reorganización de la empresa industrial que pudiera dar a los trabajadores un mayor control sobre la toma de decisiones a diferentes niveles en la fábrica tendrá con toda probabilidad que enfrentarse con la fuerte oposición de una coalición compuesta de elementos del sector público, de la burguesía industrial y de los sindicatos "oficiales". Por lo tanto, en estos países, la factibilidad e impacto real de las diferentes formas de democracia industrial no dependen tanto de la interacción entre trabajadores, industriales y sindicatos como tales, como del significado político de esa interacción.

Por consiguiente, nuestra tesis sería que cualquier acción espontánea por parte de la base de los trabajadores en tales contextos debe interpretarse no en términos de un simple conflicto laboral localizado, sino como un desafío a la ecuación de poder que vincula a los sindicatos, los gobiernos, y el capital privado. Este tipo de situación, lejos de ser provisional, como varios teóricos de la modernización lo pensaron en algún momento, aparece relativamente estable, aun cuando sufre debilidades institucionales internas, las cuales han llevado a la legendaria precariedad y crónica inestabilidad de los gobiernos en América Latina.

2. La democracia industrial en Perú, Chile y México

Dos regímenes políticos en América Latina se distinguen en el proceso histórico por haber realizado importantes intentos por institucionalizar el control obrero en empresas industriales: Chile durante el régimen de Allende (1970-73) y Perú durante el régimen de Velasco (1968-75). Aunque estos dos intentos murieron junto con los regímenes que los propugnaron, sus enseñanzas son aún relevantes. Por otro lado, es igualmente importante analizar el caso de países tales como México que han demostrado poca receptividad hacia la coparticipación obrera, aún cuando las organizaciones sindicales obreras hayan gozado de una posición excepcionalmente privilegiada en el sistema político mexicano desde la Segunda Guerra Mundial. En este apartado, analizaremos estos tres casos dentro de sus contextos históricos particulares y a la luz de los conceptos y mecanismos básicos delineados en las secciones anteriores.

2.1 Democracia industrial en Perú

Cinco años después del derrocamiento violento del régimen de Velasco en agosto de 1975, el debate acerca de los experimentos que emprendió para reestructurar la economía y las relaciones entre los grupos sociales continúa todavía. Mientras que las razones de las divergencias de interpretación son múltiples, debido a la variedad de problemas enfrentados, todas convergen en analizar la reorganización de las empresas industriales durante ese régimen dentro del amplio marco de la política y de la economía peruanas (Abusadalah Salah, 1978; Knight, 1975; Pease García, 1977; Alberti, *et al.*, 1977; Pásara y Sansistevan, 1973; Stepan, 1978; Stephens, 1980).

Cuando la junta militar dirigida por Velasco empezó a realizar una serie de extensas y profundas reformas, encapsuladas en la *Ley General de Industrias* 1970, éstas no trataban solamente de promover el desarrollo económico o de reorganizar las fábricas, sino también de introducir cambios revolucionarios. Esta es la perspectiva global que debe tomarse para evaluar el éxito relativo o el fracaso del experimento.

La "Comunidad Industrial", creada como parte de un conjunto de reformas económicas, sólo aparentaba ser un mecanismo de redistribución interna del ingreso para las empresas industriales (Abusadalah Salah, 1978). Se estipulaba que el 15 por ciento de la ganancia bruta fuera distribuído en la "Comunidad", o sea, a un grupo de delegados de los trabajadores, a fines de llegar a comprar hasta el 50 por ciento de las acciones de la Compañía. Además, los trabajadores representantes de la Comunidad participarían en la Asamblea General de accionistas y en el Consejo de Directores.

Lo que esta Ley intentaba bajo la bandera de participación obrera era fomentar una nueva base de apoyo para el régimen, reconciliando, por una parte, a la fuerza de trabajo con la burguesía industrial, y marginando, por otra, tanto a la derecha (la "oligarquía") como a la izquierda, ambas siendo representadas en los sindicatos de trabajadores. En otras palabras, se estaba tratando de substituir una determinada coalición imperante por otra.

Para poder evaluar si se logró realmente el control obrero directo a través de estos arreglos, o si, como algunos autores argumentan, la Comunidad Industrial fortaleció más que debilitó a los sindicatos (Alberti, *et al.*, 1977; Abusadalah Salah, 1978; Whyte y Alberti, 1977), es necesario evaluar estos eventos a la luz de las características políticas generales del desarrollo del capitalismo dependiente en el Perú durante ese período. Tales condiciones subrayan la dificultad de evaluar algún proyecto particular de democracia industrial con las apariencias de un compromiso real hacia el control obrero en América Latina, ya que su éxito o fracaso se convierten, en última instancia, en el éxito o fracaso de un régimen particular. Por otro lado, cada vez que un régimen particular aboga por el control obrero, no siempre está claro si el compromiso es genuino o retórico, ni qué fines ulteriores estará sirviendo.

Más que intentar reinterpretar los diferentes *post-mortems* propuestos hasta ahora acerca de las reformas implantadas por el régimen de Velasco, este análisis se limitará a evaluar las oportunidades que brindaron a los tres protagonistas principales —la empresa privada, los sindicatos y los trabajadores— para mejorar su posición política. Un primer elemento importante es la relación a principios del régimen de Velasco entre la organización de los principales sindicatos y la estructura de las Comunidades Industriales. La bibliografía existente que analiza el experimento de las Comunidades durante ese período tiene relativamente poco que decir. Lo que sabemos es que el APRA,[11] representante de la tendencia conservadora, se oponía a los principios de las Comunidades Industriales (Knight, 1975), y era también el sindicato más importante. El Partido Comunista, por otro lado, que ocupaba el segundo lugar en cuanto al número de miembros, adoptó una postura conciliatoria hacia el gobierno, pero no pudo romper con la postura ideológica anticomunista del mismo (Pease García, 1977:245).

Por lo tanto, la Comunidad Industrial no estaba entrando a un vacío de poder, sino a un sistema relativamente bien integrado de sindicatos nacionalmente organizados, los cua-

[11] Alianza Popular Revolucionaria Americana.

les tenían poco que ganar en las reformas propuestas, ya que su papel estaba considerado oficialmente como prescindible [12]. Suponer en tal contexto que los trabajadores iban a responder directamente a la propaganda de masas, y que de algún modo actuarían independientemente de las organizaciones sindicales, que hasta ese momento habían sido sus únicos (aunque imperfectos) representantes, mostraba una miopía política básica por parte del gobierno.

Además, dado que la nueva ley no sólo no reconciliaba a trabajadores y capitalistas, sino que permitía a estos últimos innumerables maniobras legales para evadir la redistribución de capital (Knight, 1975; Alberti, *et.al.*, 1977), lo que se veía venir era un conflicto industrial mucho más fuerte, como lo denotaba el creciente número de huelgas cada vez más violentas durante ese período. Dadas estas circunstancias, los sindicatos fueron los que *de facto* levantaron la bandera del control obrero y no las dispersas y desorganizadas Comunidades Industriales.

Por otro lado, si los sindicatos apoyaron a la Comunidad Industrial, como fue generalmente el caso (Alberti, *et.al.*, 1977), es poco probable que haya sido para promover el control obrero directo y retirarse de la escena política, sino para fortalecer su propia base de acción. Algunos autores reconocen, por ejemplo, que los sindicatos mostraron interés en las Comunidades Industriales principalmente para controlar las elecciones de representantes de los trabajadores, y para obtener a través de ellos información económica sobre empresas individuales (Knight, 1975; Pease García, 1977). De hecho, el grado de integración entre los dos tipos de organizaciones era tal que en algunos casos, la Comunidad Industrial provocaba la organización de sindicatos en lugares en donde no existían. Además, la Comunidad llegó a constituirse en una confederación nacional (en contra de la voluntad del gobierno), declarándose un instrumento de fortalecimiento del poder de los sindicatos y promoviendo la propiedad socializada de los medios de producción (Whyte y Alberti, 1977).

Si examinamos, por otro lado, los mecanismos organizacionales a través de los cuales la Comunidad Industrial iba supuestamente a realizar el control obrero, cualquier ilusión de que pudiera lograrlo se desvanece al instante. En vez de plantear el principio de la coparticipación obrera ascendente y descendente y mecanismos de negociaciones a todos los niveles desde la fábrica hasta arriba, creando así una estructura de aprendizaje para la toma de decisiones obreras, la Comunidad Industrial estableció un sistema representativo tradicional muy centralizado y, por lo tanto, fácilmente controlable por fuerzas externas (ya sea por parte de los directivos de las empresas o por parte de los sindicatos). Como era de esperarse, los delegados de los trabajadores pronto vieron sus posibilidades de efectividad muy limitadas. Por un lado, se enfrentaban con la apatía general de las bases poco familiarizadas con los problemas de administración en los cuales debían supuestamente intervenir. Por otro lado, la misma falta de capacitación de estos delegados obreros limitaba sus posibilidades de intervención. En tales circunstancias, los sindicatos representaban

[12] El régimen de Velasco se declaró abiertamente en contra de "intermediarios" tales como sindicatos o partidos políticos, alegando que se trataba de mecanismos de expropiación de la voluntad popular, por lo que los sindicatos, en ambos lados del espectro político, vieron la creación de las Comunidades Industriales como una forma de contrarrestar su influencia sobre los trabajadores (Alberti, *et.al.*, 1977).

el único recurso administrativo y político que les permitiera desempeñar un papel efectivo en la toma de decisiones. De hecho, los representantes de las Comunidades se transformaron en portavoces de los sindicatos.

Otro elemento que no ha sido analizado suficientemente en el experimento peruano ha sido el grado en que las empresas privadas individuales y sus Comunidades Industriales respectivas sirvieron de terrenos de lucha entre sindicatos rivales. Las interpretaciones que se han ofrecido están en general de acuerdo con que existían graves conflictos entre sindicatos tales como el APRA y la izquierda, y con que los sindicatos creados por el gobierno (Central de Trabajadores de la Revolución Peruana y Movimiento Laboral Revolucionario) eran incapaces de atraer suficientes miembros para servir de contrapeso. La información sobre la fuerza y distribución sectoriales en cuanto a los tamaños de empresas correspondiendo a las diferentes organizaciones sindicales, podría haber agregado un elemento adicional que permitiera apreciar hasta cierto punto el ascenso de las organizaciones sindicales en ese período.[13]

En conclusión, parecería que cada uno de los protagonistas principales en el conflicto peruano estuviera convencido de que podía engañar al otro, haciéndolo creer que estaba haciendo verdaderas concesiones, mientras que a lo que en realidad se esforzaba era por retener el control. Esta impresión se confirma si consideramos que cuando el gobierno promulgó en 1974 la segunda parte de la reforma industrial, estableciendo la propiedad social de las empresas, excluyó a la gran mayoría de las firmas (estatales y privadas "reformadas") de esa categoría por definición, para que la coparticipación de los trabajadores fuera *de facto* limitada a las grandes burocracias del gobierno: la Comisión Nacional de Propiedad Social y el Fondo Nacional de Propiedad Social (Abusadalah Salah, 1978).

Para resumir la situación, el gobierno estaba a favor de la participación de los trabajadores, porque pensó que podía controlar a los mismos por este medio; los sindicatos estaban también a favor de tal participación, porque la controlan de hecho; y los industriales estaban *de jure* en contra, pero *de facto* tenían los recursos necesarios para contrarrestar sus propósitos. Los trabajadores tenían que escoger por cuales grupos de poder preferían ser cooptados, y generalmente –y no sin razón– escogieron a los sindicatos. Por lo tanto, para interpretar esta situación, es correcto permanecer dentro de la lógica de la formación de coaliciones y articulación de intereses peculiares en el capitalismo dependiente.

2.2. Democracia industrial en Chile

Partiendo de un pasado político autoritario basado en la exportación de bienes primarios hasta 1920, Chile, a diferencia de la mayoría de los países latinoamericanos, desarrolló un sistema de participación electoral que introdujo gradualmente a las clases medias,

[13] El análisis de las estadísticas sobre las huelgas reportadas por el Ministerio del Trabajo indican que la distribución por tamaño puede ser un elemento importante; en efecto, estas cifras indican que el número de horas-hombre perdidas en cada huelga tiende a aumentar mucho más rápidamente que el número de huelgas, lo cual indicaría que las empresas más grandes están cada vez más involucradas en el proceso de conflicto industrial (Pease García, 1977: 137).

y posteriormente a las clases trabajadoras, al proceso político durante el período que precedió al régimen de Allende (Zapata, 1974). Por lo tanto, en términos de nuestro marco analítico, aunque Chile podría caracterizarse como un país capitalista dependiente, tuvo la capacidad de desarrollar líneas horizontales de organización política, acercándose al modelo de intereses de clase, y de establecer una democracia parlamentaria.

De acuerdo a nuestro marco de análisis, esta situación debería ofrecer mejores oportunidades para el establecimiento de un verdadero control obrero en las empresas industriales. Si el sistema de coparticipación obrera murió finalmente en 1973, sería más bien, como en el caso de Perú, debido a una falla del sistema político, que a una falla de la representación de los trabajadores, por lo que al evaluar el experimento chileno de cogestión en realidad estaríamos evaluando el régimen de Allende. No obstante, como veremos, los conflictos no resueltos que debilitaron al gobierno de Allende se reflejaban también en el proyecto de participación obrera, por lo que éste contribuyó en efecto con el fallecimiento del régimen que lo había creado.

Cuando Allende tomó el poder en 1970, los sindicatos chilenos habían adquirido una legitimidad considerable en la escena política, principalmente a través de sus vínculos directos con el sistema de partido.[14] Sin embargo, hasta ese momento, el desarrollo del movimiento obrero había sido sistemáticamente frenado por los sucesivos gobiernos, prohibiendo la formación de federaciones sindicales, lo cual reducía su acción a una negociación individual empresa por empresa, y absorbiendo dentro del sector público los programas y funciones que normalmente corresponderían a la negociación colectiva, tales como la seguridad social, el salario mínimo, etc... (Angell, 1972). Sin embargo, algunas federaciones de trabajadores existían *de facto*, e incluso negociaban con el Estado, pero sin ninguna legitimidad legal. Por lo tanto, su situación era precaria con respecto al Estado y a los sindicatos individuales, algunos de los cuales eran bastante independientes como por ejemplo los trabajadores del cobre y del carbón (Zapata, 1975: 49). Esta situación básica no sería remediada durante el régimen de Allende, ya que la mayoría de la Democracia Cristiana del Parlamento estaba en contra de promulgar leyes que declararan la existencia legal de las federaciones sindicales.[15]

Como la mayoría Demócrata Cristiana también tendía a reflejarse en los grandes enclaves industriales como el de las minas de cobre (Zapata, 1975), gran parte de las luchas laborales internas sucedidas en las empresas industriales entre 1972 y 1973, a raíz de la organización e implementación del proyecto de participación de los trabajadores, surgen de

[14] Algunos autores sostienen que los sindicatos chilenos quedaban marginados en los partidos y debilitados por la división entre socialistas y comunistas, por lo que se presupone que los sindicatos reflejaban exclusivamente tendencias de izquierda. Sin embargo, la tendencia seguida por los votos en las empresas parece haber correspondido más bien a las pautas establecidas en el Parlamento (Zapata, 1974), lo cual invalida este argumento. El hecho de que los representantes de los sindicatos pudieran ser relativamente marginados en cuanto a la política seguida por los partidos, no excluye la posibilidad de que pudieran adoptar un frente común con los mismos partidos de manera de poder ser incluidos en una estrategia común.

[15] Los acuerdos tomados entre los sindicatos y el gobierno que cobraron fuerza legal fueron incorporados como reajustes a la legislación social existente (prestaciones, salarios, etc.), con un año de validez (Zapata, 1974).

los conflictos entre el gobierno de la Unidad Popular y la hostil mayoría de la Democracia Cristiana en el Parlamento.

En diciembre de 1970, la Unidad Popular firmó un acuerdo con la Central Unida de Trabajadores Chilenos (CUT)[16], que ofrecía, entre otras reformas, una representación de los trabajadores del 50 por ciento (por voto directo) en el Directorio de todas las empresas mixtas y estatales, en combinación con otro 50 por ciento que sería representado por el Estado. Este acuerdo también creó una serie de "comités de producción" de los trabajadores a todos los niveles de la toma de decisiones, con la finalidad de discutir y codecidir con los directivos diferentes formas para mejorar la productividad a través de diseños de trabajo, con innovaciones organizacionales e innovaciones técnicas.

Fueron estas medidas las que prepararon las vías de la participación directa de los trabajadores en la toma de decisiones a diferentes niveles relevantes para sus intereses personales, y que ofrecieron las primeras oportunidades de aprendizaje que permitieran a los trabajadores adquirir la capacidad necesaria para analizar la forma interna de funcionamiento de las empresas industriales y su relación con la economía nacional. Además, estaba estipulado que los representantes de los trabajadores no deberían ser los mismos que sus representantes sindicales, basándose en el principio de que la codeterminación no podía ser confundida con las demandas legítimas de los trabajadores, pero quizás también por el temor de que la participación de los trabajadores pudiera ser controlada por sindicatos ajenos a los intereses de la Unidad Popular.

El único paralelo que podemos establecer con el experimento peruano es que en ambos casos, el gobierno trataba de crear una integración política entre los trabajadores que no fuera mediatizada por los sindicatos. Sin embargo, la situación es bastante diferente en otros aspectos: el régimen de Allende no trataba de apaciguar al capital privado, como lo había hecho el de Velasco, y proporcionaba mecanismos reales para debilitar el poder de los sindicatos dentro de las empresas industriales.

Paradójicamente, parece que fue precisamente lo genuino de este intento de permitir a los trabajadores participar en la toma de decisiones y el éxito obtenido para involucrar los mismos en la producción, que condenaron este experimento al fracaso. En efecto, el entusiasmo con que los trabajadores recibieron el proceso de codecisión evitó que grupos de intereses establecidos cooptaran a representantes de los trabajadores. Como resultado, ni los partidos establecidos ni los sindicatos pudieron contener la participación obrera que tendía a manifestarse en una forma descentralizada y anárquica, como podía esperarse en la etapa inicial y con la estructura organizacional impuesta. Los Demócrata Cristianos, por ejemplo, trataron de transformar este sistema en un tipo de negociación y de representación de co-determinación obrera integrada que fuera controlado por los sindicatos y tuviera una mayoría en el Directorio. Sin embargo, no tuvieron la fuerza política suficiente para obtener tal cambio.

Un buen ejemplo típico de esta situación puede ser observado en los conflictos que enfrentaron a los trabajadores y a los representantes sindicales en la mina de cobre Chuquicamata (Zapata, 1975) en 1972, después de que los representantes de los trabajadores, junto con la dirección, despidieron a un trabajador que había abandonado su puesto causando el rompimiento de una pieza de equipo. Los representantes sindicales inmediata-

[16] Para un recuento histórico de la CUT y sus tendencias generales, ver Zapata, 1974.

mente se pusieron a la defensa del trabajador, forzando la dirección a recontratarlo, a pesar de la oposición de la representación cogestionaria de los trabajadores. Este incidente llevó a una serie de paros y huelgas provocados por el sindicato que casi paralizaron la mina. Mientras que Chuquicamata es un caso aislado (aunque estratégicamente importante) que pudo no haberse repetido en toda la economía, la creciente incidencia de huelgas en el gobierno de Allende y el consecuente impacto en la economía indican que el conflicto político creado por el control obrero pudo haber sido uno de los factores que debilitaron al régimen.

Si la organización que se dió a la cogestión obrera hubiera sido más favorable a arreglos de tipo cooptativo capaces de apaciguar a la oposición, el control obrero podría haber sufrido mucho más, pero la paz política hubiera podido ser alcanzada. Debido a su posición minoritaria, la Unidad Popular fue incapaz de imponer sus políticas, especialmente porque enfrentaba una oposición poco leal que violaba los más elementales principios de consenso democrático. El gobierno de Allende se enfrentaba, por consiguiente, con el predicamento, conocido en la teoría de organizaciones, de tener que escoger entre cooptar a intereses ajenos que reforzaran su poder al mismo tiempo que debilitaran su programa, o defender sus principios a riesgo de perder el control político.

2.3 Democracia industrial en México

Mientras que Perú y Chile intentaron brevemente implementar suficientes cambios socioeconómicos para permitir una transformación profunda en las relaciones industriales, México nos ofrece un ejemplo de una sociedad latinoamericana cuyo escenario institucional puede considerarse entre los más ajenos al desarrollo de la democracia industrial, al punto de que sea el mismo aparato sindical oficial el que ha llevado a cabo abiertamente la represión de los movimientos independientes de los trabajadores.

La naturaleza corporativista del Estado mexicano posrevolucionario con su mezcla *sui generis* de populismo y autoritarismo, así como la naturaleza piramidal y cooptativa de su aparato gubernamental, han sido comentados ampliamente (Anderson y Cockroft, 1966; Branderburg, 1964; González Casanova, 1940; Córdova, 1972; Purcell y Purcell, 1977). En lo que toca a los movimientos laborales, estas tendencias se han reflejado en la lenta integración de los dispersos sindicatos a la federación centralizada de trabajadores —la Confederación de Trabajadores Mexicanos (CTM)— y otros sectores oficiales integrados al Partido Revolucionario Institucional. [17]

La estructura y *modus operandi* de la CTM, reflejando claramente su ambiente político, han obstaculizado la participación democrática de sindicatos individuales tanto como de las bases en la conducta de las organizaciones sindicales, por lo que han reprimido consistente y violentamente al sindicalismo independiente. Su dominación del movimiento obrero mexicano se ha logrado con el uso implícito o real de la represión policíaca, por un lado, y por otro lado, por medio del complejo sistema de elección de líderes, de co-

[17] Para más detalles sobre la historia y la estructura del movimiento laboral en México, véase Reyna *et.al.*, 1976; Leal, 1976 y Trejo, 1978.

rrupción y de expulsión de disidentes conocido bajo el nombre de charrismo. A cambio de garantías por parte del gobierno de un enérgico apoyo y de inmunidad legal, esta poderosa máquina de poder político ha colaborado constantemente con las empresas industriales y con el gobierno en un esfuerzo por contener las demandas salariales y romper huelgas y manifestaciones "no autorizadas".

No obstante, a pesar de los abrumadores obstáculos contra su éxito, la oposición al sindicalismo oficial ha sido endémica al movimiento obrero mexicano desde la Segunda Guerra Mundial, empezando con la huelga de los ferrocarrileros en 1958 (Jelin, 1976; Reyna, *et.al.*, 1976) que fue violentamente reprimida. Durante los sesentas, muchos sindicatos abandonaron la CTM (de telefonistas, textiles, etc.), pero no fue sino hasta los setentas que el insurgente sindicalismo independiente empezó a cobrar importancia con los consecuentes enfrentamientos con la CTM (trabajadores electricistas,[18] automotrices, etc.).

Lo que es relevante para nuestra discusión en estas disputas es el hecho de que los líderes de la oposición fueron capaces de movilizar a las bases apelando a los principios de participación democrática, lo cual llevó, en algunos casos, a la creación de sistemas de negociación descentralizada y/o de cogestión. En la planta automovilística Nissan Mexicana, por ejemplo (Bazán, 1977), un sindicato independiente, establecido en octubre de 1972, creó una estructura de negociación altamente descentralizada y obtuvo más y mejores concesiones de la empresa que las obtenidas por los sindicatos controlados por la CTM. El control obrero directo en estos procesos es tan fuerte que los mismos trabajadores han podido deshacerse de todos aquellos líderes que consideraban insuficientemente militantes (Bazán, 1977), un fenómeno virtualmente desconocido en México.

Otro ejemplo similar puede citarse en el complejo industrial paraestatal de Ciudad Sahagún, donde la Constructora Nacional de Carros de Ferrocarril (CNCF), la Diesel Nacional (DINA) y el Siderúrgico Nacional han creado "comités de fábrica" con el mismo número de representantes obreros y técnicos, similares a aquellos creados en Chile, y cuyo propósito es buscar formas de mejorar la productividad (Urteaga Castro Pozo, 1978). Estos comités son considerados por los líderes de los sindicatos independientes como estructuras de aprendizaje para los obreros, para capacitarlos a participar en las decisiones de las empresas. Después de los conflictos y huelgas iniciales que condujeron a estos cambios, la producción en la CNCF ha alcanzado niveles sin precedentes.

Aunque la CTM en un principio reaccionó a estas fuerzas centrífugas con sus tradicionales instrumentos de amenaza y violencia, el movimiento independiente ha alcanzado tales proporciones que todo sindicato independiente nuevo se beneficia con el apoyo institucional de aquéllos que lo precedieron a través de dos federaciones "independientes", el Frente Auténtico de Trabajadores (FAT) y la Unidad Obrera Independiente (UOI). El gobierno por otro lado, ya no sólo brinda apoyo a la CTM, como lo ilustró su comportamiento en el caso de Ciudad Sahagún.

En respuesta a todo esto, la CTM optó por un cambio en sus tácticas y organizó en 1977, un "Seminario Nacional de Participación Obrera en Empresas Industriales" (CTM-OIT, 1977). Como resultado, se recomendaba la creación de "comités técnicos" a nivel de las empresas con una representación combinada de trabajadores y directores que estu-

[18] Para más detalles sobre los obreros electricistas, véase Gómez-Tagle, 1980.

diara y resolviera los "problemas" cuya naturaleza específica no se define en el documento. Hasta ahora, ninguna de estas reformas ha sido llevada a cabo.

Conclusiones

En las páginas anteriores, hemos tratado de mostrar cómo el surgimiento de diferentes formas de democracia industrial fue una función del contexto socio-institucional en que se insertaron históricamente.

Han surgido dos resultados paradójicos que podrían hacer dudar acerca de la utilidad de nuestro marco analítico: por un lado, Chile como único ejemplo en América Latina de democracia parlamentaria, fue incapaz de ganar suficiente apoyo y lealtad para sostener e institucionalizar las reformas propuestas por Allende. México, por otro lado, descrito como la situación que ofrecía el ambiente más hostil, de los tres ejemplos seleccionados, hacia el desarrollo de la democracia industrial, ha llevado a cabo algunos experimentos radicales que están ganando fuerza y están acabando con la reputación de control de mano de hierro de la CTM sobre las organizaciones obreras. Por último, Perú se encuentra a la mitad de estos dos extremos, habiendo implementado, por lo menos durante algún tiempo, algunas formas de democracia industrial, que resultaron, sin embargo, haber sido un fraude con respecto al control obrero.

Esta paradoja puede resolverse si reconocemos que está basada en una confusión entre las características estructurales, por un lado, y los factores situacionales, por otro. La estructura tiene que ver con la posibilidad de existencia de ciertos hechos, mientras que los factores situacionales están constituidos por estos hechos históricamente singulares. Todo lo que la ciencia social puede hacer es indicar la receptividad de ciertos ordenamientos estructurales para la ocurrencia de algunos hechos. Nunca podrá prever exactamente esos hechos, al igual que no puede predecir el resultado de una sola tirada de los dados.

Lo que estamos tratando de argumentar es que el marco institucional chileno era más favorable al surgimiento de la democracia industrial que aquéllos representados por los otros dos países analizados. No obstante, la existencia de una democracia parlamentaria no debe llevarnos a pensar que la mera representación política puede atenuar las profundas desigualdades sociales peculiares al capitalismo dependiente tardío. En tales condiciones, cualquier formación de coaliciones tenderá a incluir intereses antagónicos tan profundos que difícilmente pueden ser sostenidos por políticas liberales, especialmente cuando estas últimas intentan introducir cambios revolucionarios. Si esas coaliciones fueron viables antes del gobierno de Allende, debemos sospechar que las políticas chilenas fueron más corporatistas de lo que parecían, como algunos autores han sostenido (Angell, 1972). Por lo tanto, a pesar de los eventos específicos que hemos expuesto a lo largo de este trabajo, defendemos la idea de que Chile ocupa el primer lugar y México el último en lo que se refiere a receptividad institucional para la cogestión obrera.

El segundo problema de interpretación se refiere al punto en que los experimentos de democracia industrial deben iniciarse para poder obtener las mayores posibilidades de sobrevivencia. Como argumentamos en los casos de Perú y Chile, ambos experimentos murieron con y a causa de los regímenes que los crearon, por lo que no puede realizarse una evaluación independiente de estos intentos. En el caso de México, los experimentos de democracia industrial han sido realizados con independencia del Estado y desarrollados en casos aislados que nunca han representado un reto lo suficientemente serio a la autoridad establecida para provocar el surgimiento de fuerzas capaces de aniquilarlos (con excepción del movimiento ferrocarrilero de 1958). En este punto, se podría casi decir que el sindicalismo independiente en México ha alcanzado un punto crítico, por lo que sería difícil de destruirlo rápida o efectivamente. Por lo tanto, reprimir cualquier conflicto importante resultaría embarazoso para el gobierno, y seguramente podría provocar más deserciones en las filas del sindicalismo institucionalizado que recuperar el territorio perdido por la CTM.

El contraste entre los factores del marco institucional y los del marco situacional que hemos descubierto subraya la dificultad que enfrenta el científico social para anticipar el cambio, especialmente cuando sus herramientas conceptuales tienden a orientarlo hacia el determinismo estructural más que hacia explicaciones que enfatizan la dinámica de la acción.[19] No obstante, ignorar las posibilidades de cambio en situaciones individuales y coyunturas singulares es limitarse a una visión fatalista que deja poco espacio a lo inesperado. En el caso del experimento peruano, por ejemplo, la lucha política general no sólo ensombrecía a los experimentos en la organización de la producción, sino que la misma caída de Allende en 1973 suprimió cualquier posibilidad de sobrevivencia que el régimen de Velasco pudo haber tenido.

En América Latina, por razones que hemos expuesto en este trabajo, el peso de la estructura es tan abrumador que cualquier tipo de predicción de cambio real parece temerario. Sin embargo, los cambios radicales suceden, a veces en los lugares menos esperados. Ningún análisis posterior puede alterar este hecho. Más que optar por una perspectiva totalmente determinista que sólo lleve a pronósticos pesimistas para cualquier cambio deseado del *statu quo,* el análisis de las posibilidades del control obrero en contextos determinados ofrecería mejores perspectivas explicativas si intentara entender la compleja interacción que existe entre los sistemas de acción y las reglas institucionalizadas del juego.

Finalmente, la distinción que hemos planteado en este trabajo entre el micro-contexto social de la empresa y el macro-contexto del sistema socio-político no debe limitarse a evitar comparaciones desventajosas y falaces entre los países industrializados y los dependientes. Por una multitud de razones que van desde el modo de producción imperante hasta las formas institucionalizadas de expresión y acción política, ninguno de los experimentos en proveniencia de los países industrializados ha obtenido en nuestra opinión, suficiente resonancia o articulación política como para provocar un "movimiento" en el sentido real de la palabra, o una consecuente respuesta por parte de las instituciones. Por consiguiente, en forma similar al caso de México, pero por razones muy diferentes, las manifestaciones de las demandas de cogestión obrera en los países industrializados tan sólo representan hasta la fecha núcleos aislados que no pueden considerarse verdaderas fuentes de cambio institucional, por lo menos en la etapa que han alcanzado.

Sin embargo, sí se puede anticipar una etapa posterior en la que la cogestión se transformaría en una bandera política, por ejemplo, al cambiar los gobiernos de una tendencia conservadora a una más radical, no es difícil imaginar una mayor articulación con procesos macrosociales y macropolíticos de las medidas que podrían proponerse para generali-

[19] Basado en el hecho de que las herramientas del científico social son los eventos recurrentes más que los únicos.

zar el principio de cogestión obrera. Por consiguiente, nuestra distinción entre los casos latinoamericanos y los europeos en cuanto a la ubicación social de la cogestión también debe interpretarse en el sentido de una mayor probabilidad para los experimentos latinoamericanos de rebasar los límites de la organización del trabajo en las empresas, no en el sentido determinístico de limitar cada tipo de sociedad a un solo tipo de proceso social.

Bibliografía

Abusadalah Salah, "Reformas estructurales y crisis económica en el sector industrial peruano", ponencia presentada en la Conferencia sobre el Experimento Peruano Reconsiderado organizada por el Programa Latinoamericano del Centro Internacional Woodrow Wilson para Académicos, octubre de 1978.

Adizes Ichak, *Industrial democracy, Yugoslav style: the effect of decentralization on organizational style.* Nueva York: Graduate School of Business, Colombia University y Free Press, 1971.

Alba, *Historia del movimiento obrero en América Latina.* México: Libreros Mexicanos Reunidos, 1964.

Politics and the labor movement in Latin America. Stanford: Stanford University Press, 1967.

Alberti, Giorgi, Sansitevan, Jorge and Pásaro, Luis, *Estado y clase; la comunidad industrial en el Perú.* Lima: Instituto de Estudios Peruanos, 1977.

Anderson, Bo and Cockroft, James, "Control and cooptation in Mexican politics", *International Journal of Comparative Sociology,* Vol. 7, March: 11-28, 1966.

Angell, Alan, *Politics and the labor movement in Chile.* Londres: The Royal Institute of International Affairs, Oxford University Press, 1972.

Argyris, Chris, *Integrating the individual and the organization.* Nueva York: John Wiley and Sons, 1964.

Bazán, Lucía, "Sindicalismo independiente: el caso de Nissan Mexicana", mimeo, Cisinah, dec. 1977.

Bendix, Reinhard, *Work and authority in industry,* Nueva York: John Wiley and Sons, 1956.

Bernoux, Philippe y Jean Ruffier, "Les groupes semi-autonomes de production", *Sociologie du Travail,* Vol. 16, oct-dic.: 382-401, 1974.

Binois, R., B. Lanselle y C. Prestat, "La place des réunions dans le fonctionement des groupes de travail semi-autonomes", *Sociologie du Travail,* Vol. 18, enero-marzo: 51-82, 1976.

Blau, Peter y Richard Schoenher. *The structure of organizations.* Nueva York: Wiley 1971.

Bosquet, Michael, "The prison factory", *Working Papers for a New Society,* Vol. 1 (1), primavera: 20-27, 1973.

Bourdet, Ivon. *Pour l'autogestion.* París: Editions Anthıopos, 1974.

Brandenburg, Frank, *The making of modern Mexico.* Englewood Cliffs, N. J.: Prentice Hall, 1964.

Burns, T. y Stalker, G. M., *The management of innovation.* Nueva York: Barnes and Nobles, 1961.

Carraud, Michel, "Une expèrience de restructuration d'enterprise en vue d'enrichir les tâches", *Sociologie du Travail,* Vol. 18, En-mar.: 38-50, 1976.

Casassus, C., "Un débat européen sur la démocratie industrielle; Cambridge, Juillet 1977", *Sociologie du Travail,* Vol. 19, Oct-Dic.: 434-439, 1977.

Collier, D. (Comp.) *The new authoritarianism in latin America.* Princeton: Princeton University Press, 1979.

Córdova, Arnaldo, *La formación del poder político en México.* México: Era, 1972.

Chave, Daniel, "Neotaylorisme ou autonomie ouvrière" Reflexion sur trois expériences de reorganization du travail", *Sociologie du Travail,* Vol. 18, En-mar.: 3-14, 1976.

Child, John, "Organization: a choice for man", en John Child (Comp.), *Man and Organization.* Londres: Allen und Unwin, 1973.

Delamotte, Ives, "The reform of the enterprise in France", *Annals of the American Academy of Political and Social Science,* Vol. 431, Mayo, 1977.

Derber, Milton, "Collective Bargaining: The American approach to industrial bureaucracy", *Annals of the American Academy of Political and Social Science,* Vol. 431, Mayo, 1977.

Dill, W. R., "The impact of environment on organizational development", en S. Mallick y H. E. Van Ness (Comps.), *Concepts and issues in administrative behavior.* Englewood cliffs: Prentice Hall, 1962.

Dore, Ronald P., "Late development or something else? Industrial relations in Britain, Mexico, Shri Lanka and Senegal", Institute of Development Studies at the University of Sussex, mimeo, 1974.

Emery, F. E., *The Democratization of the work place.* Londres: Tavistock Institute of Human Relations, 1966.

Emery, F. E. y E. Thorsrud. *Form and content in industrial democracy.* Londres: Tavistock Institute of Human Relations, 1969.

Evan, W. N., *Organization theory: structures, systems and environment.* Nueva York: John Wiley, 1976.

Fricke, Werner, "Technique de production, organisation du travail et qualification", *Sociologie du Travail,* Vol. 20, Enero-Marzo: 22-29, 1978.

Fürstenburg, Friedrich, "West German experience in industrial democracy", *Annals of the American Academy of Political and Social Science,* Vol. 431, Mayo, 1977.

González Casanova, Pablo, *Democracy in Mexico.* Londres: Oxford University Press, 1970.

Godau, Rainer y Márquez, Viviane B. de, "O Estado, a Sociedade e a Empresa Privada", *Revista de Administração de Empresas,* Vol. 21, No. 3, julio-septiembre, 1981.

Goldthorpe, J. H., D. Lockwood, F. Bechhoffer y J. Platt, *The affluent worker.* Cambridge: University Press, 1968.

Gómez-Tagle, Silvia, *La corriente democrática y los sindicatos electricistas.* México: El Colegio de México, Jornadas, 1980.

Gorz, André, "The tirany of the factory: today and tomorrow", *Tolos,* Vol. 16, verano: 61-67, 1973.

Hall, Douglas T., Benjamin Schneider y Harold T. Nygren, "Personal factors in organizational identification", *Administrative Science Quarterly,* Vol. 15: 176-190, 1970.

Jelin, Elizabeth, "Spontanéité et organisation dans le mouvement ouvrier: le cas de l'Argentine, du Brésil et du Méxique", *Sociologie du Travail,* Vol. 18, Abr-Jun.: 139-168, 1976.

Kannapan, Subbiah and Krishnan, V. N., "Participative Management in India: Utopia, or Share?", *Annals of the American Academy of Political and Social Science,* Vol. 431, Mayo, 1977.

Kavcic, Bogdan, Velko Rus y Arnold Tannenbaum, "Control, participation and effectiveness in four Yugoslav industrial organisations", *Administrative Science Quarterly,* Vol. 16: 74-96, 1971.

Klein, Lisl, *New forms of work organization.* Cambridge: University Press, 1976.

Knight, Peter T., *¿Perú, hacia la autogestión?,* Buenos Aires: Proyección, 1974.

Lawrence, P. y Lorsh, Jay, *Organization and environment.* Cambridge: Harvard University Press, 1967.

Leal, Felipe, *México: Estado, Burocracia y Sindicatos,* México: El Caballito, 1976.

Likert, Rensis, *New Patterns of Management.* Nueva York: McGraw Hill, 1961.

Malloy, James (comp.), *Authoritarianism and corporatism in Latin America.* Pittsburgh: University of Pittsburgh Press, 1977.

McGregor, Douglas, *The human side of enterprise.* Nueva York: McGraw Hill, 1960.

Maire, Edmond, *CFDT: pour un socialisme démocratique*. París: EPI, 1971.

Marrow, A. J., D. G. Bowers y S. E. Seashore, *Management by participation*. Nueva York: Harper and Row, 1968.

Massie, Joseph L., "Management theory", En J. G. March (Comp.) *Handbook of organizations*. Chicago: Rand McNally, 1965.

Michels, Robert. *Los partidos políticos 1876-1936*. Buenos Aires: Amorrortu, 1964.

Mickler, Ottfried, "Les interstices technico-économiques de l'intervention sociale dans l'enterprise", *Sociologie du Travail*, Vol. 20: 3-42, En-Marz., 1978.

Mouzelis, Nicos, "Class and clientelistic politics: the case of Greece", *The Sociological Review*, 471-495, August, 1978.

Mulder, Mauk, "Power equalization through participation?", *Administrative Science Quarterly*, Vol. 16: 31-40, 1971.

Pásara, Luis y Jorge Santistevan, "Relaciones entre el sindicato y la comunidad industrial en el Perú", *Revista Internacional del Trabajo*, Vol. 88, agosto-septiembre: 141-57, 1973.

Pease García, H., *El ocaso del poder oligárquico*. Lima: Desco, 1977.

Perrow, Charles, *Complex organizations: a critical essay*. Nueva York: Scott, Foresman and Co., 1979.

Purcell, Susan K., and Purcell, John F. H., "State and Society in Mexico: must a stable policy be institutionalized", *World Politics*, Vol. 82, Enero: 194-227, 1980.

Purcell, John F. H. and Purcell, Susan Kaufman, "Mexico's PRI: the institutionalization of corporatism", 191-226 en James Malloy (comp.), *Authoritarianism and corporatism in Latin America*. Pittsburgh: Pittsburgh University Press, 1977.

Ramondt, J. J., "Industrial democratization without the workers", *The Netherland's Journal of Sociology*, Vol. 13: 35-43, 1977.

Reyna, J. L., y R. S. Weinert (comps.), *Authoritarianism in Mexico*. Philadelphia: Institute for the Study of Human Issues, 1977.

Reyna, José Luis, Francisco Zapata, Miguel Miguet Fleury y Silvia Gómez-Tagle, *Tres estudios sobre el movimiento obrero en México*. México: El Colegio de México, 1976.

Rice, A. K., *Productivity and social organization: The Ahmedabad experiment*. Londres: Tavistock, 1958.

Rosner, Menahen, "L'autogestion industrielle dans les kibbutzim", *Sociologie du Travail*, Vol. 16: 45-63, Enero-Marzo, 1974.

Shiller, Bernt, "Industrial democracy in Scandinavia", *Annals of the American Academy of Political and Social Science*, Vol. 431, Mayo, 1977.

Seminario nacional sobre la participación de los trabajadores en la empresa, (CTM-OIT). México: CTM, Instituto de Educación Obrera, 1977.

Skidmore, Thomas E., "The Politics of economic stabilization in postwar Latin America", 149-191, en Malloy, James (Comp.) *Authoritarianism and Corporatism in Latin America*. Pittsburgh: University of Pittsburgh Press, 1977.

Stavenhagen, R., *Las clases sociales en las sociedades agrarias*. México: Siglo XXI, 1970.

Stavenhagen, Rodolfo y Zapata, Francisco, "Sistemas de relación obrero-patronales en América Latina", *Cuadernos del CES*, 1, El Colegio de México, 1974.

Stepan, A. *The State and society; Peru in comparative perspective*. Princeton: Princeton University Press, 1978.

Stephens, Evelyn H., *The Politics of workers participation: The peruvian approach in comparative perspective*. Nueva York: Academic Press, 1980.

Sturmthal, Adolf F., "Unions and industrial democracy", *Annals of the American Academy of Political and Social Science*, Vol. 431, Mayo, 1977.

Thomson, Andrew W. J., "New focus on industrial democracy in Britain", *Annals of the Academy of Political and Social Science*, Vol. 431, Mayo, 1977.

Thorsrud, Einar, "La démocratisation du travail et le processus de transformation de l'organisation", *Sociologie du Travail*, Vol. 17: 243-264, 1975.

Thorsrud, E., and Emery, F. E., *Form and content in industrial democracy*. Londres: Tavistock Institute of Human Relations, 1969.

Trejo, Raúl, *Reseña del movimiento obrero mexicano*, México: UNAM, 1978.

Trist, E., G. W. Higgin, H. Murray and A. B. Pollock, *Organizational choice*, Londres: Tavistock Institute of Human Relations, 1963.

Urteaga, Augusto Castro-Pozo, "Autonomía obrera y restauración empresarial: una experiencia de comités de fábrica", mimeo, CISINAH, 1978.

Weffort, Francisco C., "Participação e conflicto industrial, contagem e ossaco, 1968", *Cuadernos Ceprab*, 5, 1972.

Weil, R., "Formes nouvelles d'organisation du travail dans l'industrie automobile européenne", *Sociologie du Travail*, Vol. 18, enero-marzo: 15-34, 1976.

Whyte, Martin King, "Bureaucracy and modernization in China: the maoist critique", *American Sociological Review*, Vol. 38: 149-163, 1973.

Whyte, William F. and Alberti, Giorgio, "The Industrial Community in Peru", *Annals of the American Academy of Political and Social Science,* Vol. 431, May 1977.

Wilkinson, A., *A Survey of some western european experiments in motivation.* Londres: Institute of Work Study Practitioners, 1970.

Wisner, Alain, "Contenu des tâches et charges du travail", *Sociologie du Travail,* Vol. 16: 339-357, 1974.

Work in America, Report on a special task force to the Secretary of Health, Education and Welfare. Cambridge, Mass: MIT Press, 1972.

Zapata, F., "Las relaciones entre el movimiento obrero y el gobierno de Salvador Allende", *Cuadernos del CES,* 4, El Colegio de México, 1974.

– "Los mineros de Chuquicamata: ¿productores o proletarios?", *Cuadernos del CES,* 13, El Colegio de México, 1975.

– "Las Organizaciones Sindicales en América Latina", en J. L. Reyna (Comp.), *Fuerza de trabajo y movimientos laborales en América Latina.* México: El Colegio de México, 1979.

Este facsimilar de
Dimensiones sociopolíticas de la Cogestión Obrera. El caso de Amércia Latina
es propiedad de El Colegio de México
y se terminó de imprimir en Librántida bajo el
modelo de distribución bajo demanda.
www.librantida.com

Made in the USA
Monee, IL
04 November 2026

67383965R00023